Impressum
Verlag: BABADADA GmbH, Nedderfeld 112 , 22529 Hamburg
Geschäftsführer / Verlagsleitung: Harald Hof
Druck: Books on Demand GmbH, In de Tarpen 42, 22848 Norderstedt

Imprint
Publisher: BABADADA GmbH, Nedderfeld 112 , 22529 Hamburg, Germany
Managing Director / Publishing direction: Harald Hof
Print: Books on Demand GmbH, In de Tarpen 42, 22848 Norderstedt

l'école

Schuel

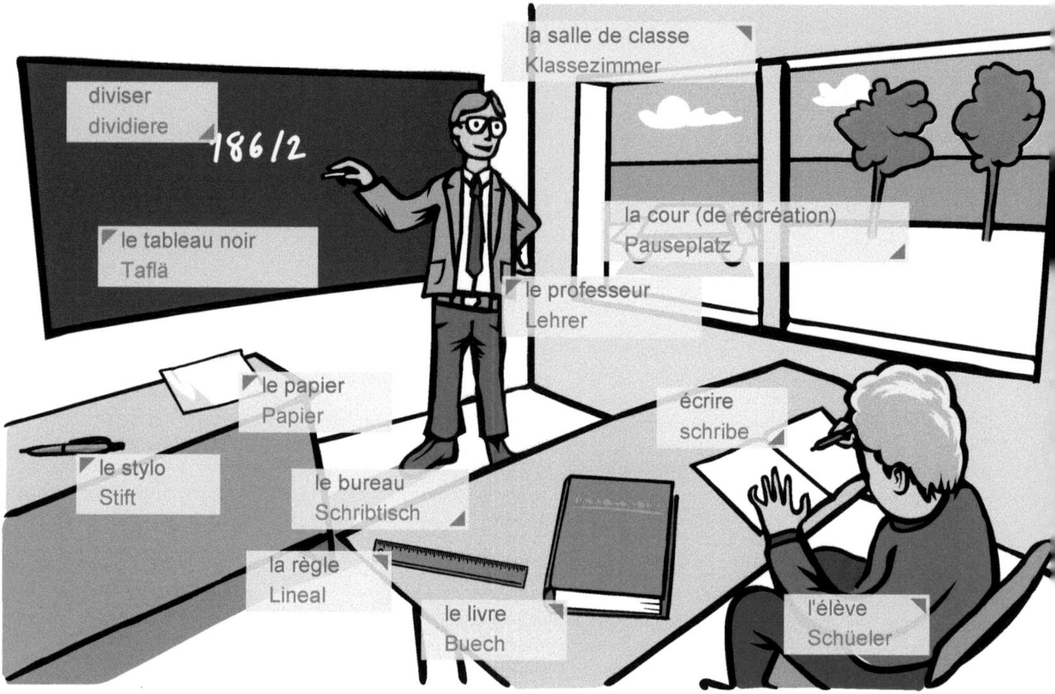

la salle de classe
Klassezimmer
diviser
dividiere
186/2
le tableau noir
Taflä
la cour (de récréation)
Pauseplatz
le professeur
Lehrer
le papier
Papier
écrire
schribe
le stylo
Stift
le bureau
Schribtisch
la règle
Lineal
le livre
Buech
l'élève
Schüeler

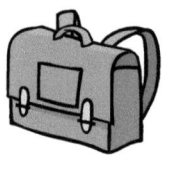

le cartable

Thek

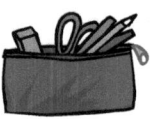

la trousse

Etui

le crayon

Bleistift

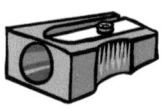

le taille-crayon

Spitzer

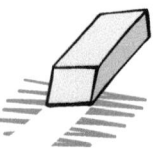

la gomme

Radiergummi

le carnet à dessin

Zeicheblock

le dessin
Zeichnig

le pinceau
Pinsel

la boîte de peinture
Malchaschte

les ciseaux
Schär

la colle
Liim

le cahier d'exercices
Üebigsheft

les devoirs
Huusufgabe

le chiffre
Zahl

additionner
addiere

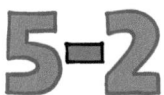

soustraire
subtrahiere

multiplier
multipliziere

calculer
rächne

la lettre
Buechstabe

l'alphabet
Alphabet

le mot
Wort

le texte

Text

lire

läse

la craie

Kriide

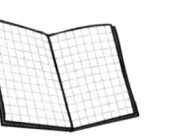

la leçon

Lektion

le livre de classe

Klassäbuech

l'examen

Prüefig

le certificat

Zügnis

l'uniforme scolaire

Schueluniform

la formation

Usbildig

le lexique

Enzyklopädie

l'université

Universität

le microscope

Mikroskop

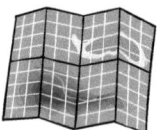

la carte

Charte

la corbeille à papier

Papierchorb

le voyage

Reis

l'hôtel
Hotel
Grand
l'auberge
Härbärg
ROOMS
le bureau de change
Wächselstube
la valise
Koffer
la voiture
Auto

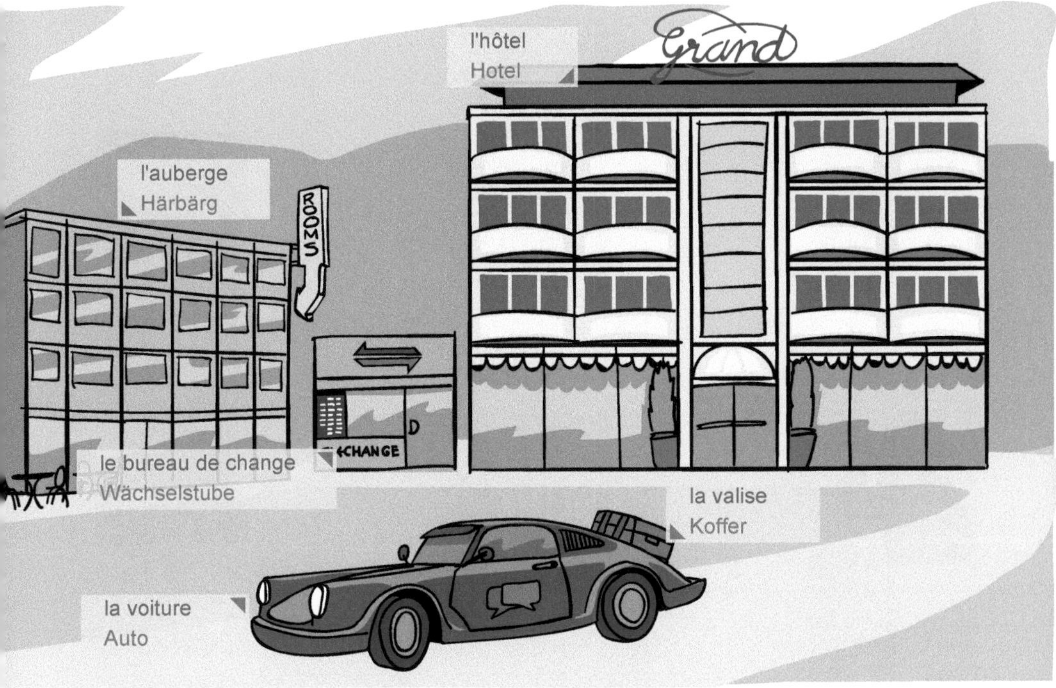

la langue

Sprach

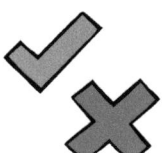

oui / non

jo / nei

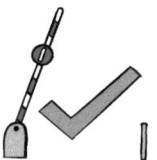

d'accord

okay

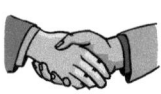

Salut

Hallo

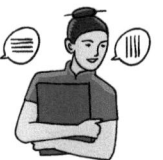

l'interprète

Dolmetscher

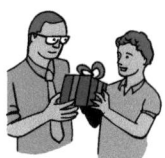

merci

Dankä

Combien coûte...?

Was chostet...?

Je ne comprends pas

Ich vrstahs nöd

le problème

Problem

Bonsoir !

Guete Abig!

Bonjour !

guete Morgä!

Bonne nuit !

guete Abig!

Au revoir

Uf Wiederseh

la direction

Richtig

les bagages

Bagaasch

le sac

Täsche

le sac-à-dos

Rucksack

l'hôte

Gast

la pièce

Ruum

le sac de couchage

Schlafsack

la tente

Zält

l'office de tourisme

Touristeninformation

la plage

Strand

la carte de crédit

Kreditkarte

le petit-déjeuner

Zmorge

le déjeuner

Zmittag

le dîner

Znacht

le billet

Billet

l'ascenseur

Ufzug

le timbre

Briefmarke

la frontière

Gränze

la douane

Zoll

l'ambassade

Botschaft

le visa

Visum

le passeport

Pass

le transport
Transport

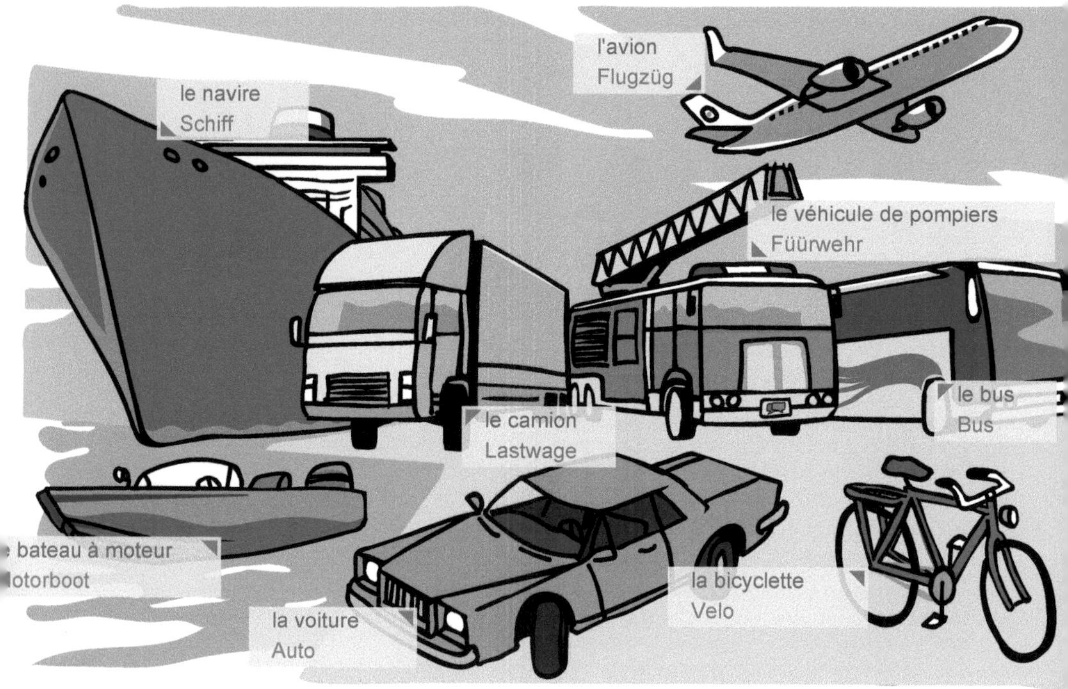
l'avion
Flugzüg
le navire
Schiff
le véhicule de pompiers
Füürwehr
le camion
Lastwage
le bus
Bus
bateau à moteur
otorboot
la bicyclette
Velo
la voiture
Auto

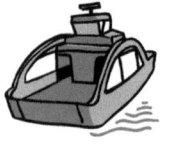

le ferry

Fähri

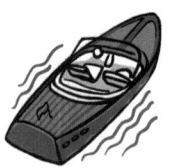

la barque

Boot

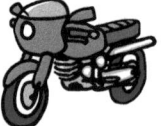

la moto

Töff

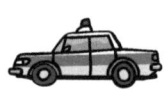

la voiture de police

Polizeiauto

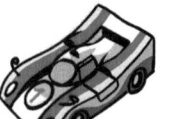

la voiture de course

Rännauto

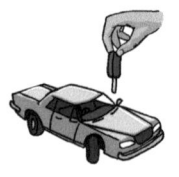

la voiture de location

Mietwage

l'auto-partage

Carsharing

la voiture de remorquage

Abschleppwage

la benne à ordures

Chübelwage

le moteur

Motor

l'essence

Benzin

la station d'essence

Tankstell

le panneau indicateur

Verkehrsschild

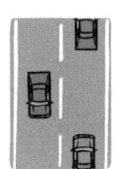

le trafic

Verchehr

l'embouteillage

Stau

le parking

Parkplatz

la gare

Bahnhof

les rails

Schiene

le train

Zug

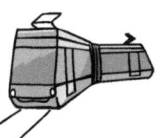

le tramway

Strassebahn

le wagon

Wagon

l'hélicoptère

Helikopter

l'aéroport

Flughafe

la tour

Tower

le passager

Passagier

le conteneur

Container

le carton

Karton

le chariot

Chare

la corbeille

Korb

décoller / atterrir

starte / lande

la ville

Stadt

le village

Dorf

le centre-ville

Stadtzentrum

la maison

Huus

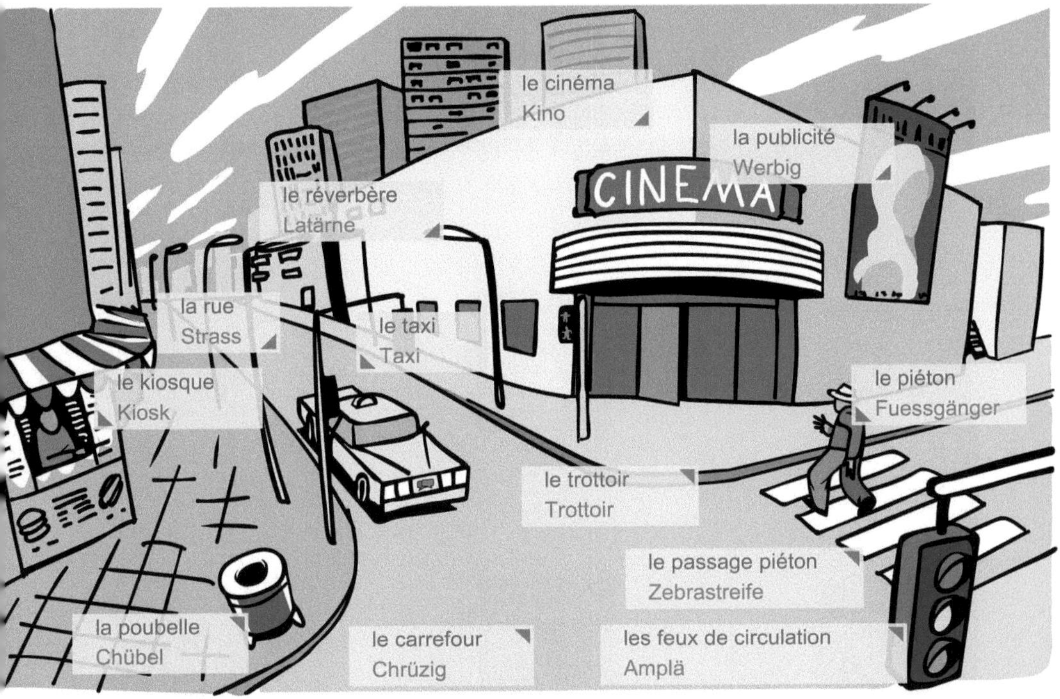
CINEMA
le cinéma
Kino
la publicité
Werbig
le réverbère
Latärne
la rue
Strass
le taxi
Taxi
le kiosque
Kiosk
le piéton
Fuessgänger
le trottoir
Trottoir
le passage piéton
Zebrastreife
la poubelle
Chübel
le carrefour
Chrüzig
les feux de circulation
Amplä

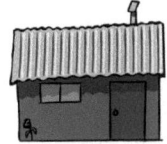

la cabane

Hütte

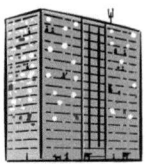

l'appartement

Wohnig

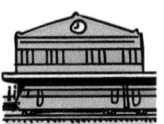

la gare

Bahnhof

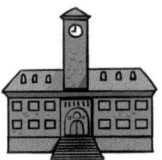

la mairie

Gmeindshuus

MUSEUM

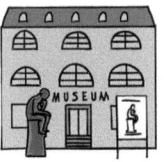

le musée

Museum

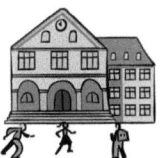

l'école

Schuel

l'université

Universität

la banque

Bank

l'hôpital

Spital

l'hôtel

Hotel

la pharmacie

Apotheke

le bureau

Büro

la librairie

Buechgschäft

le magasin

Gschäft

le fleuriste

Bluemelade

le supermarché

Läbensmittellade

le marché

Märt

le grand magasin

Chaufhuus

la poissonnerie

Fischhändler

le centre commercial

lihkaufszentrum

le port

Hafe

le parc

Park

la banque

Bank

le pont

Brugg

les escaliers

Stäge

le métro

U-Bahn

le tunnel

Tunnell

l'arrêt de bus

Bushaltestell

le bar

Bar

le restaurant

Restaurant

la boîte à lettres

Briefchastä

le panneau indicateur

Strasseschild

le parcmètre

Parkuhr

le zoo

Zolli

le réverbère

Badi

la mosquée

Moschee

la ferme
Buurehof

la pollution
Umwältvrschmutzig

la cimetière
Fridhof

l'église
Chile

l'aire de jeux
Spielplatz

le temple
Tämpel

le paysage
Landschaft

la feuille
Blatt

le panneau indicateur
Wägwiiser

le chemin
Wäg

le pré
Wise

la pierre
Stei

l'arbre
Baum

le randonneur
Wanderer

la rivière
Fluss

l'herbe
Gras

la fleur
Bluamä

la vallée
Tal

la montagne
Bärg

le lac
See

la forêt
Wald

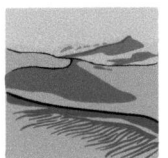

le désert
Wüeschti

le volcan
Vulkan

le château
Schloss

l'arc-en-ciel
Rägeboge

le champignon
Pilz

le palmier
Palme

le moustique
Moskito

la mouche
Fliege

les fourmis
Ameise

l'abeille
Biendli

l'araignée
Spinne

le coléoptère

Chäfer

la grenouille

Frosch

l'écureuil

Eichhörnli

le hérisson

Igel

le lièvre

Haas

la chouette

Üle

l'oiseau

Vogu

le cygne

Schwan

le sanglier

Wildschwein

le cerf

Hirsch

l'élan

Elch

le barrage

Damm

l'éolienne

Windturbine

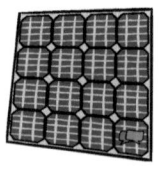

le panneau solaire

Sunnekollektor

le climat

Klima

le restaurant
Restaurant

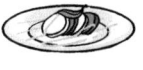

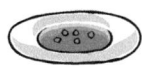

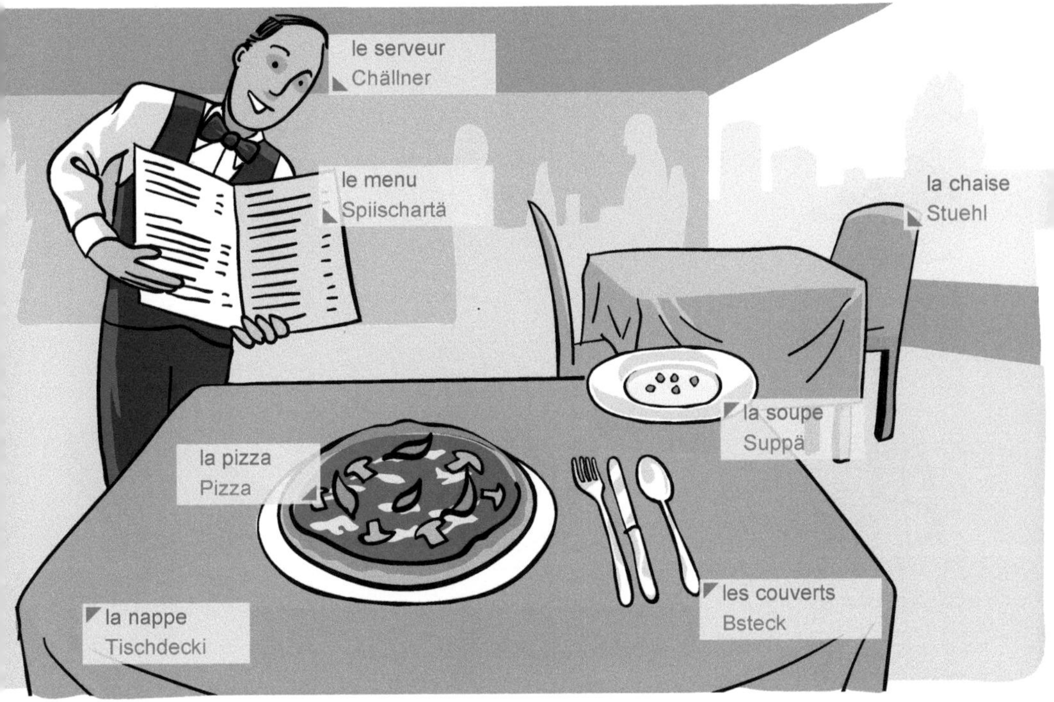
le serveur
Challner
le menu
Spiischartä
la chaise
Stuehl
la soupe
Suppä
la pizza
Pizza
les couverts
Bsteck
la nappe
Tischdecki

les hors d'œuvre

Vorspiies

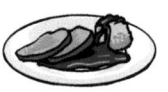

le plat principal

Hauptgricht

le dessert

Dessert

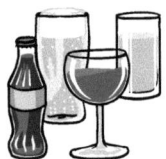

les boissons

Getränk

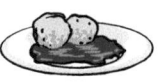

l'alimentation

Läbensmittel

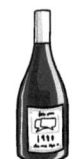

la bouteille

Fläsche

le fast-food

Fast Food

les plats à emporter

Street Food

la théière

Teechanne

le sucrier

Zuckerdosä

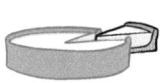

la portion

Portion

la machine à expresso

Espressomaschine

la chaise haute

Hochstuehl

la facture

Rächnig

le plateau

Tablett

le couteau

Mässer

la fourchette

Gable

la cuillère

Löffel

la cuillère à thé

Teelöffel

la serviette

Serviette

le verre

Glas

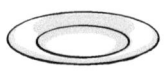

l'assiette
....
Täller

l'assiette à soupe
....
Suppetällär

la soucoupe
....
Untertasse

la sauce
....
Sose

la salière
....
Salzstreuer

le moulin à poivre
....
Pfäffermühli

le vinaigre
....
Essig

l'huile
....
Öl

les épices
....
Gwürz

le ketchup
....
Ketchup

la moutarde
....
Sänf

la mayonnaise
....
Mayonnaise

le supermarché
Läbensmittellade

l'offre promotionnelle
Ahgebot
FOR
le client
Chund
les produits laitiers
Milchprodukt
les fruits
Frücht
le chariot
Iichaufswage

BUTCHERS

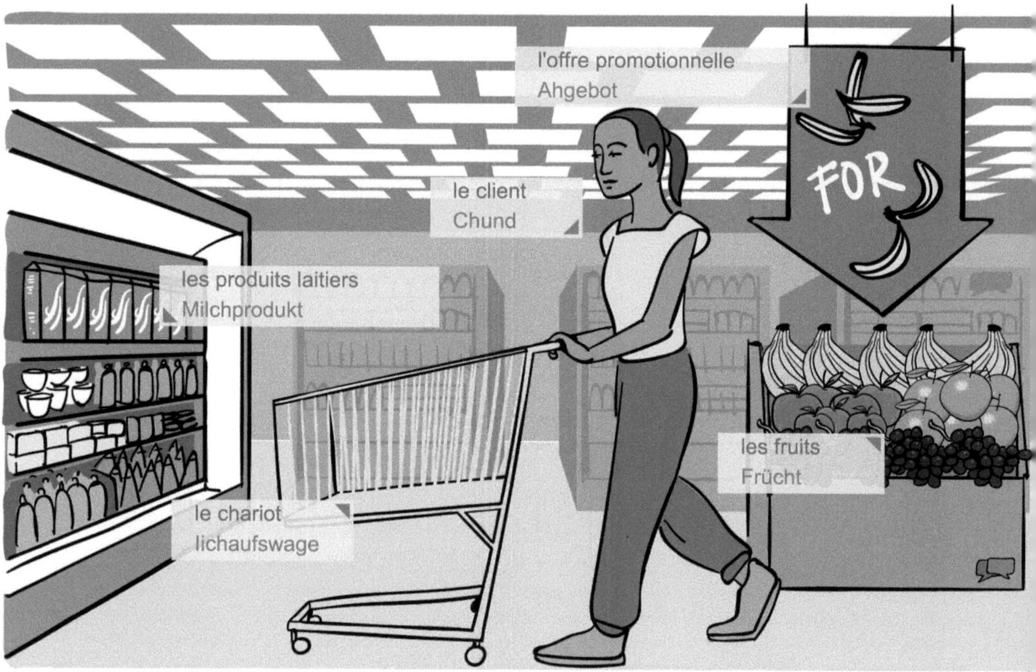

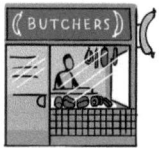

la boucherie

Schlachter

BAKERY

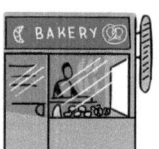

la boulangerie

Beck

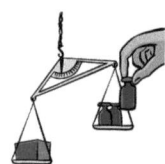

peser

wiege

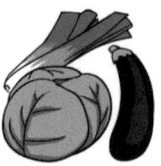

les légumes

Gmües

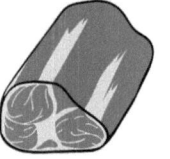

la viande

Fleisch

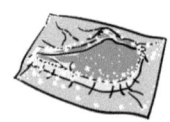

les aliments surgelés

Tiefkühlprodukt

la charcuterie
....
Ufschnitt

les conserves
....
die Konsärve

la poudre à lessive
....
Wöschmittel

les bonbons
....
Süessigkeite

les articles ménagers
....
Huushaltartikel

les détergents
....
Putzmittel

la vendeuse
....
Verchäuferin

la caisse
....
Kassä

le caissier
....
Kassierer

la liste d'achats
....
Ihchaufsliste

les heures d'ouverture
....
Öffnigszite

le portefeuille
....
das Portemonnaie

la carte de crédit
....
Kreditkarte

le sac
....
Täsche

le sac en plastique
....
Plastiksack

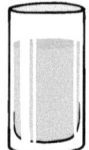

l'eau

Wasser

le jus de fruit

Saft

le lait

Milch

le coca

Cola

le vin

Wii

la bière

Bier

l'alcool

Alkohol

le chocolat chaud

Ovi

le thé

Tee

le café

Kafi

l'expresso

Espresso

le cappuccino

Cappuccino

la banane

Banane

la pomme

Öpfel

l'orange

Orange

le melon

Melone

le citron.

Zitrone

la carotte

Rüebli

l'ail

Chnoobli

le bambou

Bambus

l'oignon

Zwiblä

le champignon

Pilz

les noisettes

Nüss

les pâtes

Nudle

les spaghetti

Spaghetti

le riz

Riis

la salade

Salat

les pommes frites

Pommfrit

les pommes de terre rôties

Bratherdöpfel

la pizza

Pizza

le hamburger

Hamburgär

le sandwich

Sandwich

l'escalope

Gotlett

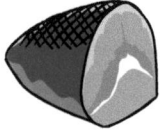

le jambon

Schinkä

le salami

Salami

la saucisse

Würschtli

le poulet

Huehn

le rôti

Bratä

le poisson

Fisch

les flocons d'avoine

Haferflocke

le muesli

Müesli

les cornflakes

Cornflakes

la farine

Mähl

le croissant

Gipfeli

les petits-pains

Brötli

le pain

Brot

le pain grillé

Toscht

les biscuits

Guetzli

le beurre

Butter

le fromage blanc

Quark

le gâteau

Chueche

l'œuf

Ei

l'œuf au plat

Spiegelei

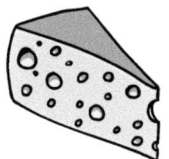

le fromage

Chäs

la glace

Glace

le sucre

Zucker

le miel

Honig

la confiture

Gonfi

la crème nougat

Nougat-Creme

le curry

Curry

la ferme
Buurehof

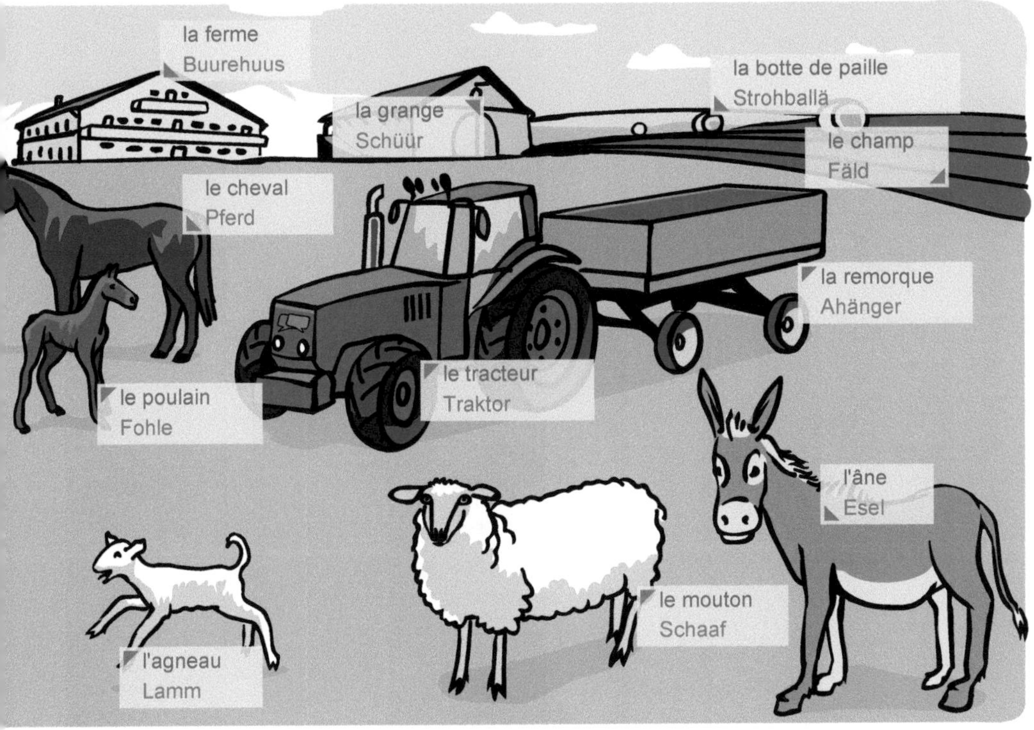

la ferme
Buurehuus
la grange
Schüür
la botte de paille
Strohballä
le champ
Fäld
le cheval
Pferd
la remorque
Ahänger
le tracteur
Traktor
le poulain
Fohle
l'âne
Esel
le mouton
Schaaf
l'agneau
Lamm

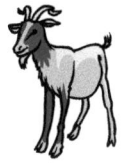

la chèvre

Geiss

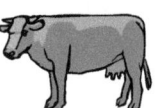

la vache

Chueh

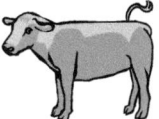

le veau

Chalb

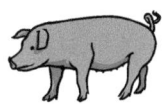

le porc

Sau

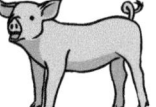

le porcelet

Ferkel

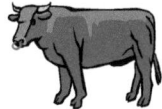

le taureau

Rind

l'oie

Gans

le canard

Änte

le poussin

Küke

la poule

Huähn

le coq

Güggel

le rat

Ratte

le chat

Chatz

la souris

Muus

le bœuf

Ochse

le chien

Hund

le chenil

Hundehütte

le tuyau de jardin

Garteschluuch

l'arrosoir

Giesschanne

la faucheuse

Sägese

la charrue

Pflueg

la faucille
Sichel

la pioche
Hacke

la fourche
Heugable

la hache
Axt

la brouette
Garette

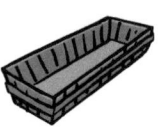

la cuve
Trog

le pot à lait
Milchchanne

le sac
Sack

la clôture
Haag

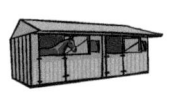

l'étable
Gadä

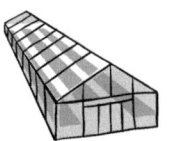

le serre
Gwächshuus

le sol
Bode

les semences
Soome

l'engrais
Dünger

la moissonneuse-batteuse
Mähdrescher

récolter

ärnte

la récolte

Ärnte

l'igname

Yamswurzle

le blé

Weize

le soja

Soja

la pomme de terre

Härdöpfel

le maïs

Mais

le colza

Raps

l'arbre fruitier

Obstbaum

le manioc

Maniok

les céréales

Getreide

la maison
Huus

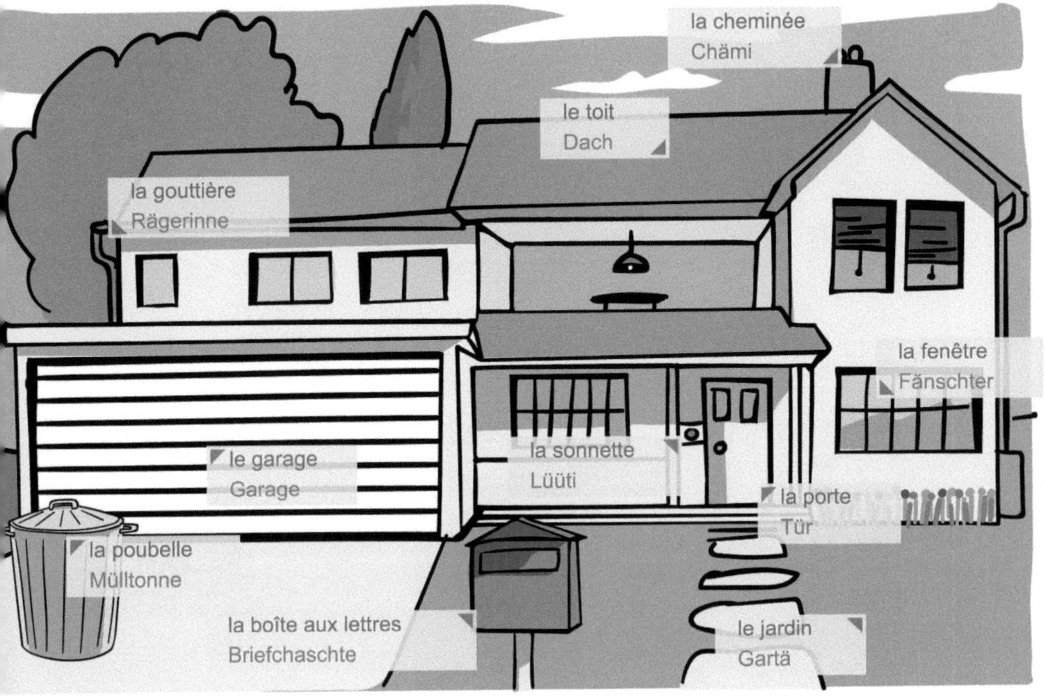
la cheminée
Chämi
le toit
Dach
la gouttière
Rägerinne
la fenêtre
Fänschter
le garage
Garage
la sonnette
Lüüti
la porte
Tür
la poubelle
Mülltonne
la boîte aux lettres
Briefchaschte
le jardin
Gartä

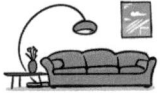

le salon

Stubä

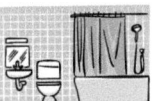

la salle de bain

Badzimmer

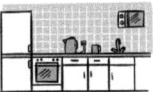

la cuisine

Chuchi

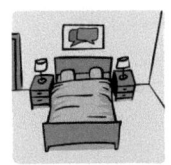

la chambre à coucher

Schlofzimmer

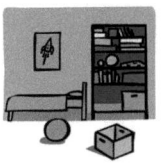

la chambre d'enfant

Chinderzimmer

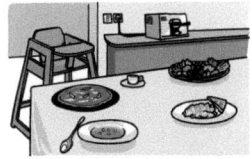

la salle à manger

Ässzimmer

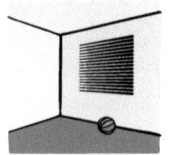

le sol
....
Bodä

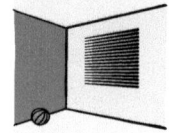

le mur
....
Wand

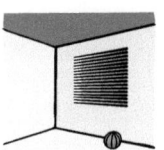

le plafond
....
Decki

la cave
....
Chäller

le sauna
....
Sauna

le balcon
....
Balkon

la terrasse
....
Terasse

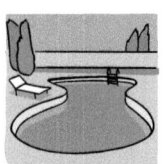

la piscine
....
Pool

la tondeuse à gazon
....
Rasemäier

la housse
....
Bettbezug

la couette
....
Bettdecki

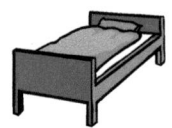

le lit
....
Bett

le balai
....
Bäse

le sceau
....
Chübel

l'interrupteur
....
Schalter

le salon
Stubä

le papier peint
Tapete
l'image
Bild
la lampe
Lampä
l'étagère
Regal
l'armoire
Schrank
la télé
Färnseh
la cheminée
Kamin
la fleur
Bluamä
le coussin
Chüssi
le sofa
Sofa
le vase
Vasä
la télécommande
Färnbedienig

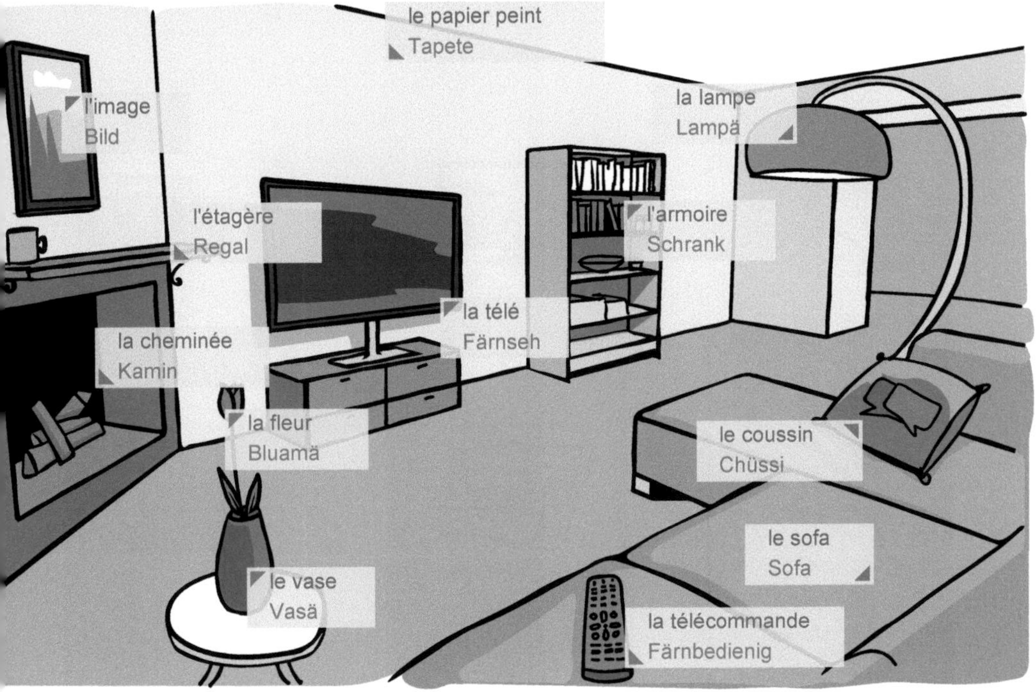

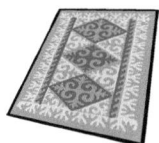

le tapis

Teppich

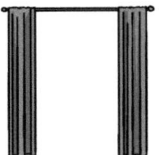

le rideau

Vorhang

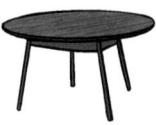

la table

Tisch

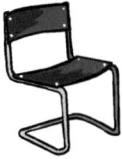

la chaise

Stuehl

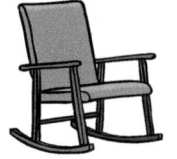

la chaise à bascule

Schaukelstuehl

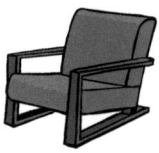

le fauteuil

Sässel

le livre

Buech

la couverture

Decki

la décoration

Dekoration

le bois de chauffage

Füürholz

le film

Film

la chaîne hi-fi

Stereoahlag

la clé

Schlüssel

le journal

Ziitig

la peinture

Bild

le poster

Poster

la radio

Radio

le bloc-notes

Notizblock

l'aspirateur

Staubsuuger

le cactus

Kaktus

la bougie

Chärze

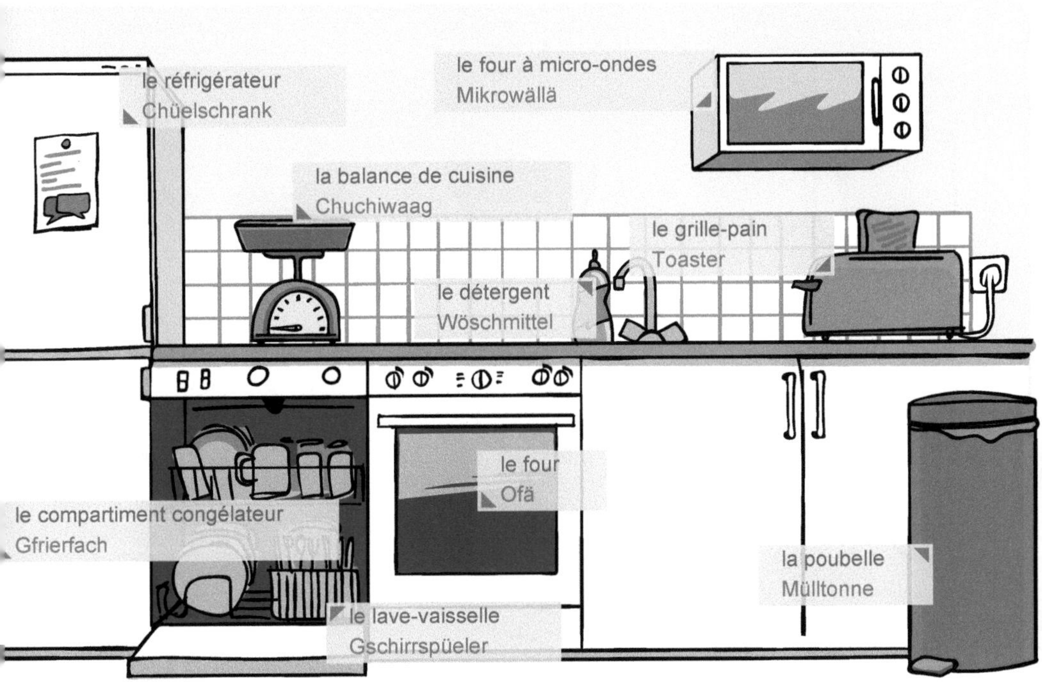

le réfrigérateur
Chüelschrank

le four à micro-ondes
Mikrowällä

la balance de cuisine
Chuchiwaag

le grille-pain
Toaster

le détergent
Wöschmittel

le four
Ofä

le compartiment congélateur
Gfrierfach

la poubelle
Mülltonne

le lave-vaisselle
Gschirrspüeler

le four

Härd

la casserole

Topf

la marmite

Iisetopf

le wok / kadai

Wok / Kadai

la poêle

Pfanne

la bouilloire electrique

Wasserchocher

le cuiseur vapeur

Dampfer

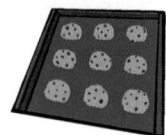

la plaque de cuisson

Bachbläch

la vaisselle

Gschirr

le gobelet

Bächer

la coupe

Schale

les baguettes

Stäbli

la louche

Suppechellä

la spatule

Pfannewänder

le fouet

Schneebäse

la passoire

Sieb

le tamis

Sieb

la râpe

Raffle

le mortier

Mörser

le barbecue

Grill

la cheminée

Füürstell

la planche à découper

Schniidbrätt

le rouleau à pâtisserie

Nudelholz

le tire-bouchon

Korkäzieher

la boîte

Dosä

l'ouvre-boîte

Dosäöffner

les maniques

Topflappä

le lavabo

Wöschbecki

la brosse

Bürste

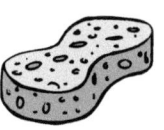

l'éponge

Schwumm

le mixeur

Mixer

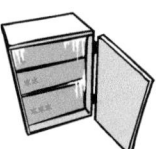

le congélateur

Gfrierschrank

le biberon

Babyfläschli

le robinet

Hahnä

la salle de bain
Badzimmer

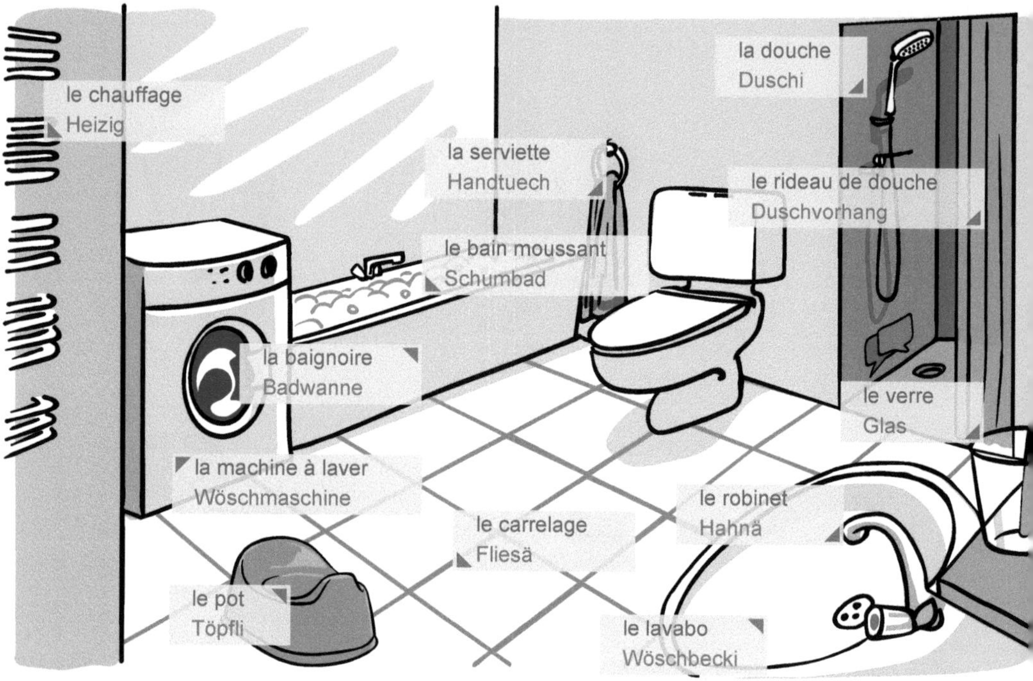

le chauffage
Heizig
la douche
Duschi
la serviette
Handtuech
le rideau de douche
Duschvorhang
le bain moussant
Schumbad
la baignoire
Badwanne
le verre
Glas
la machine à laver
Wöschmaschine
le robinet
Hahnä
le carrelage
Fliesä
le pot
Töpfli
le lavabo
Wöschbecki

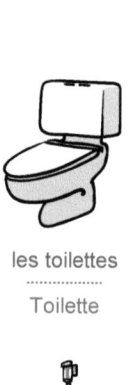

les toilettes
Toilette

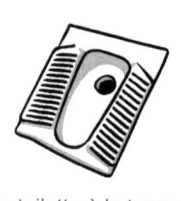

la toilette à la turque
Plumpsklo

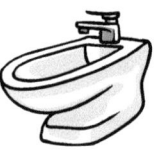

le bidet
Bidet

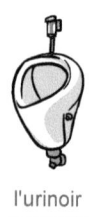

l'urinoir
Pissoir

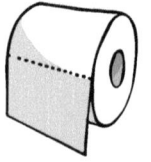

le papier toilette
Toilettepapier

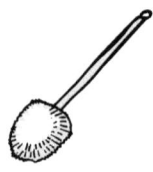

la brosse à toilette
Toilettebürschteli

la brosse à dents

Zahbürstä

le dentifrice

Zahpasta

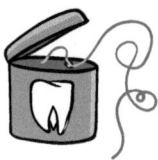

le fil dentaire

Zahnsiide

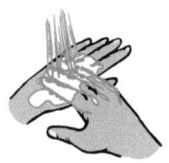

laver

wäsche

la douche manuelle

Handduschi

la douche intime

Intiimduschi

la vasque

Wöschbecki

la brosse dorsale

Ruggäbürste

le savon

Seifä

le gel douche

Duschgel

le shampooing

Shampoo

le gant de toilette

Waschlappä

l'écoulement

Abfluss

la crème

Creme

le déodorant

Deo

le miroir

Spiegel

le miroir cosmétique

Handspiegel

le rasoir

Rasierer

la mousse à raser

Rasierschuum

l'après-rasage

Aftershave

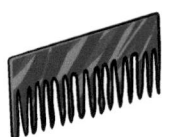

la peigne

Schträäl

la brosse

Bürstä

le sèche-cheveux

Föhn

la laque pour cheveux

Hoorspray

le fond de teint

Makeup

le rouge à lèvres

Lippestift

le vernis à ongles

Nagellack

l'ouate

Wattä

le coupe-ongles

Nagelscher

le parfum

Parfum

la trousse de toilette

Necessaire

le tabouret

Schemel

le pèse-personne

Waag

le peignoir

Badmantel

les gants de nettoyage

Gummihändscheh

le tampon

Tampon

s serviettes hygiéniques

Damebinde

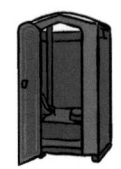

la toilette chimique

chemischi Toilette

la chambre d'enfant
Chinderzimmer

le réveil
Wecker
le doudou
Kuscheltier
la voiture jouet
Spielzügauto
le hochet
Rassle
la maison de poupée
Puppehuus
le cadeau
Gschänk

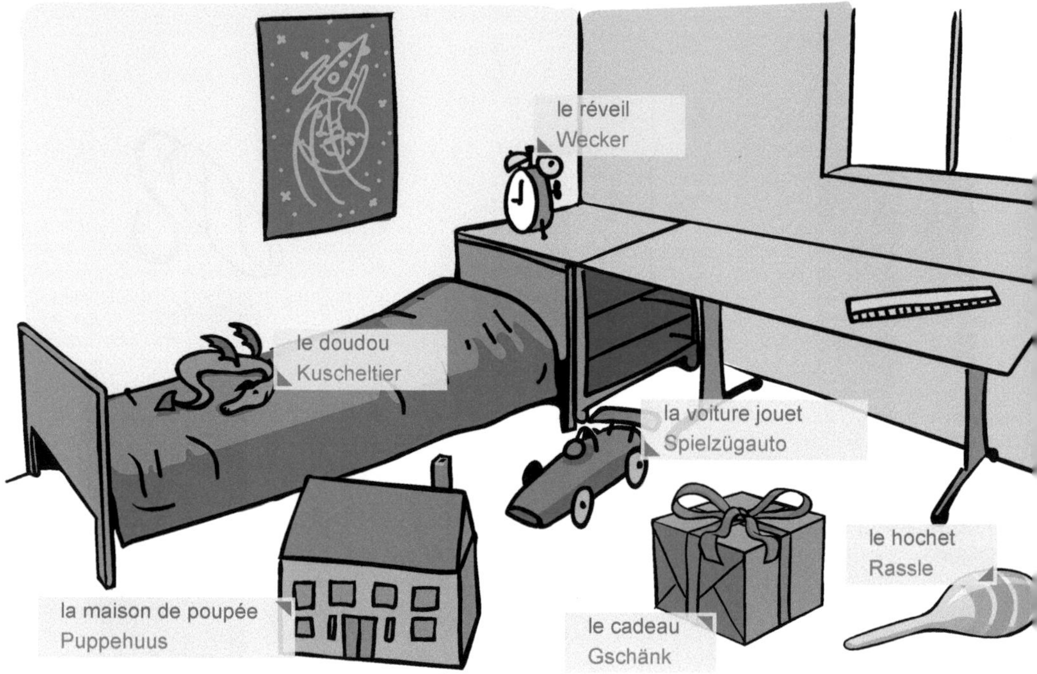

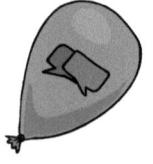

le ballon

Ballon

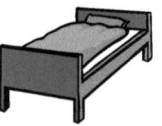

le lit

Bett

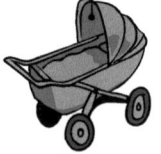

la poussette

Chinderwage

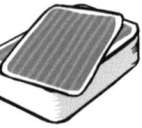

le jeu de cartes

Chartespiel

le puzzle

Puzzle

SUPER MEGA

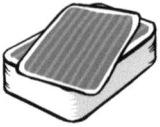

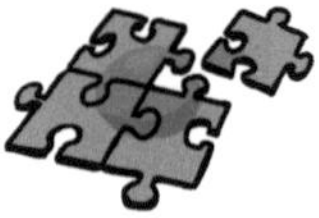

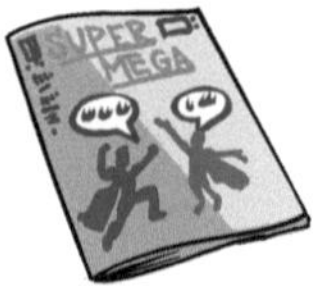

la bande dessinée

Comic

les pièces lego
Legos

les blocs de construction
Baustei

la figurine
Action Figur

la grenouillère
Strampli

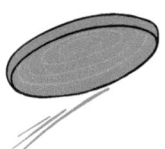

le frisbee
Frisbee

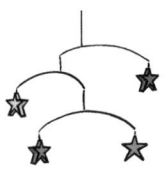

le mobile
Mobile

le jeu de société
Brättspiel

le dé
Würfäl

le train miniature
Modellisebahn

la sucette
Nuggi

la fête
Party

le livre d'images
Bilderbuch

la balle
Ball

la poupée
Puppä

jouer
spiele

le bac à sable

Sandchaschte

la balançoire

Gigampfi

les jouets

Spielzüg

la console de jeu

Videospielkonsole

le tricycle

Dreirad

l'ours en peluche

Teddy

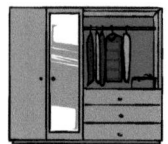

l'armoire

Chleiderschrank

les vêtements
Chleidig

les chaussettes

Sockä

les bas

Strümpf

le collant

Strumpfhosä

l'écharpe
Schal

le parapluie
Rägeschirm

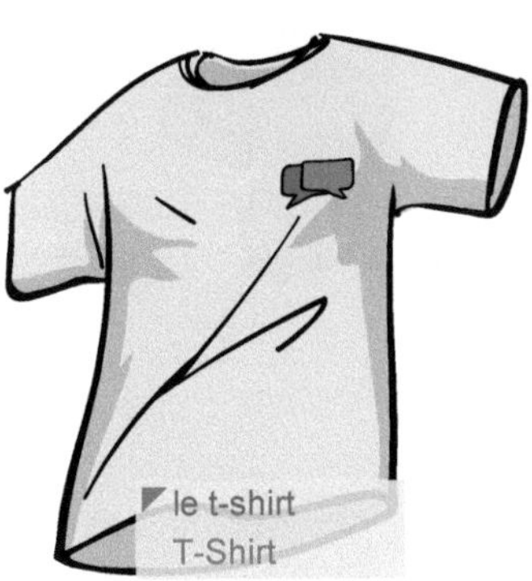

le t-shirt
T-Shirt

la ceinture
Gürtel

les baskets
Turnschueh

les bottes
Stiefel

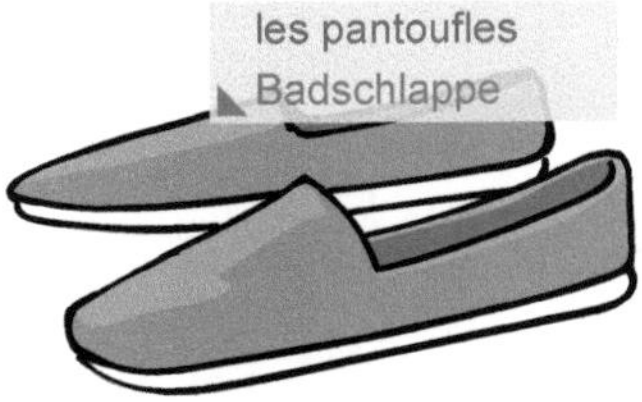

les pantoufles
Badschlappe

les sandales
Sandalä

les chaussures
Schueh

les bottes de caoutchouc
Gummistiefel

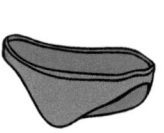

les sous-vêtements
Untrhosä

le soutien-gorge
BH

le maillot de corps
Underlibli

le body

Body

le pantalon

Hosä

le jean

Jeans

la jupe

Rock

le chemisier

Bluse

la chemise

Hömli

le pull

Pulli

le sweat à capuche

Kapuzepulli

la veste

Blazer

la veste

Jacke

le manteau

Mantel

l'imperméable

Rägämantel

le costume

Chostüm

la robe

Chleid

la robe de mariée

Hochziitskleid

le costume

Ahzug

la chemise de nuit

Nachthömli

le pyjama

Pyjama

le sari

Sari

le foulard

Chopftuäch

le turban

Turban

la burqa

Burka

le caftan

Kaftan

l'abaya

Abaya

le maillot de bain

Badchleid

le maillot de bain

Badhose

le short

churzi Hosä

a tenue d'entraînement

Trainer

le tablier

Schürze

les gants

Händsche

le bouton

Chnopf

les lunettes

Brüllä

le bracelet

Armband

le collier

Chetti

la bague

Ring

la boucle d'oreille

Ohrering

le bonnet

Chappe

le cintre

Chleiderbügel

le chapeau

Huet

la cravate

Grawattä

la fermeture éclair

Riissverschluss

le casque

Helm

les bretelles

Hosäträger

l'uniforme scolaire

Schueluniform

l'uniforme

Uniform

le bavoir
Lätzli

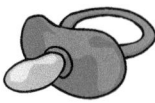

la sucette
Nuggi

la lange
Windle

le bureau
Büro

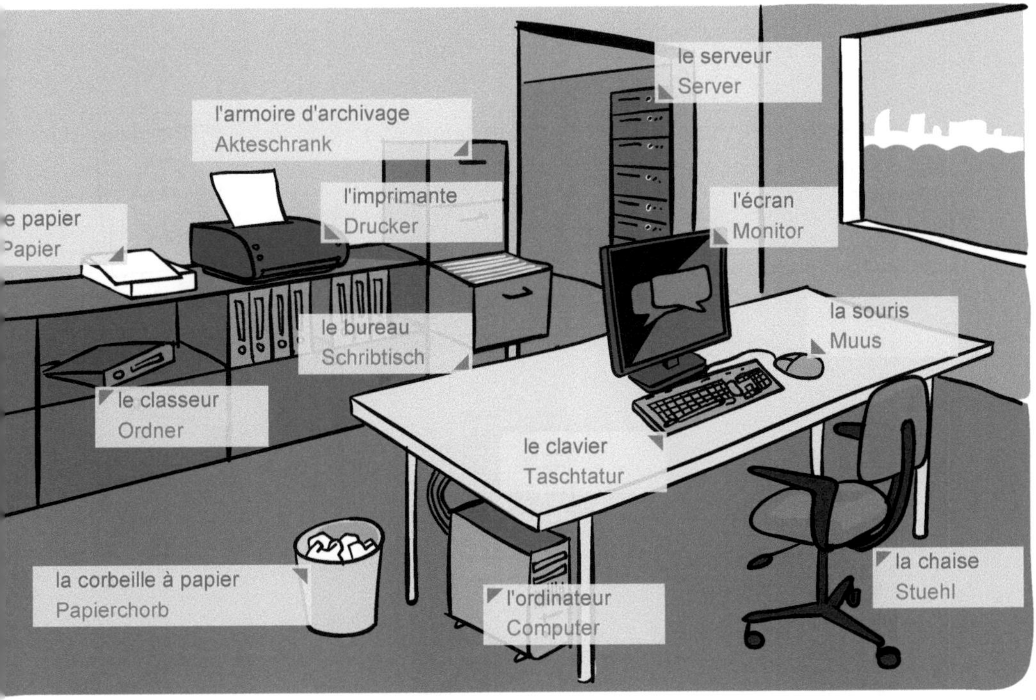

le serveur
Server

l'armoire d'archivage
Akteschrank

l'imprimante
Drucker

l'écran
Monitor

e papier
Papier

la souris
Muus

le bureau
Schribtisch

le classeur
Ordner

le clavier
Taschtatur

la corbeille à papier
Papierchorb

l'ordinateur
Computer

la chaise
Stuehl

la tasse de café
Kafibächer

la calculatrice
Tascherächner

l'internet
Internet

l'ordinateur portable
Laptop

la lettre
Brief

le message
Nochricht

le portable
Mobiltelefon

le réseau
Netzwärk

la photocopieuse
Kopierer

le logiciel
Software

le téléphone
Telefon

la prise
Steckdosä

le fax
Fax

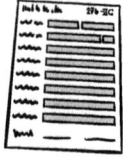

le formulaire
Formular

le document
Dokumänt

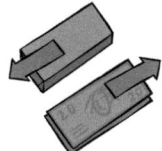

acheter

chaufe

payer

zahle

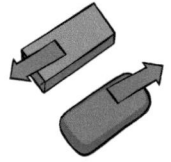

faire du commerce

handle

la monnaie

Gäld

le dollar

Dollar

l'euro

Euro

le yen

Yen

le rouble

Rubel

le franc suisse

Frankä

le renminbi yuan

Renminbi Yuan

la roupie

Rupie

le distributeur automatique

Gäldautomat

le bureau de change

Wächselstube

l'or

Gold

l'argent

Silber

le pétrole

Öl

l'énergie

Energie

le prix

Priis

le contrat

Vertrag

la taxe

Stüür

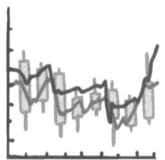

l'action

Aktie

travailler

schaffe

l'employé

Mitarbeiter

l'employeur

Arbeitgeber

l'usine

Fabrik

le magasin

Gschäft

les professions
Brüef

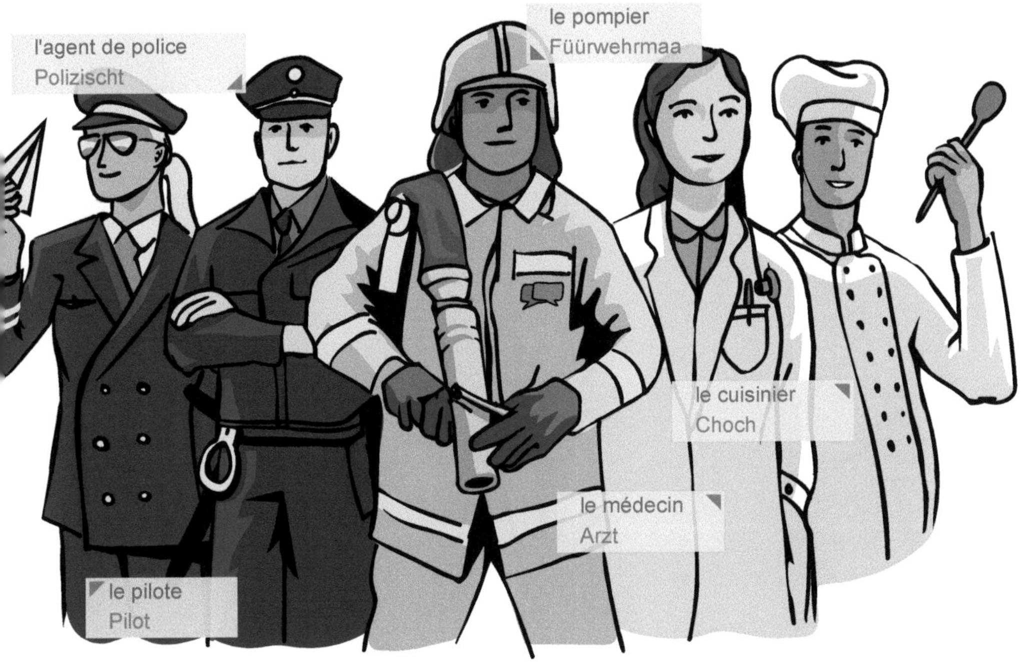
le pompier
Füürwehrmaa
l'agent de police
Polizischt
le cuisinier
Choch
le médecin
Arzt
le pilote
Pilot

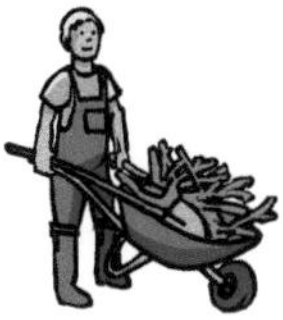

le jardinier

Gärtner

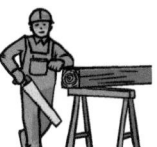

le menuisier

Zimmermah

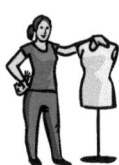

la couturière

Näheri

le juge

Richter

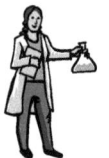

le chimiste

Chemiker

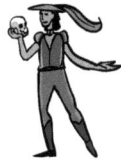

l'acteur

Darsteller

le conducteur de bus

Busfahrer

le chauffeur de taxi

Taxifahrer

le pêcheur

Fischer

la femme de ménage

Putzfrau

le couvreur

Dachdecker

le serveur

Chällner

le chasseur

Jäger

le peintre

Moler

le boulanger

Bäcker

l'électricien

Elektriker

l'ouvrier

Bauarbeiter

l'ingénieur

Ingenieur

le boucher

Schlachter

le plombier

Klämpner

le facteur

Pöschtler

le soldat

Soldat

l'architecte

Architekt

le caissier

Kassierer

le fleuriste

Florischt

le coiffeur

Frisör

le contrôleur

Kontrolleur

le mécanicien

Mechaniker

le capitaine

Kapitän

le dentiste

Zahnarzt

le scientifique

Wüsseschaftler

le rabbin

Rabbi

l'imam

Imam

le moine

Mönch

le prêtre

Pfarrer

les outils
Werkzüüg

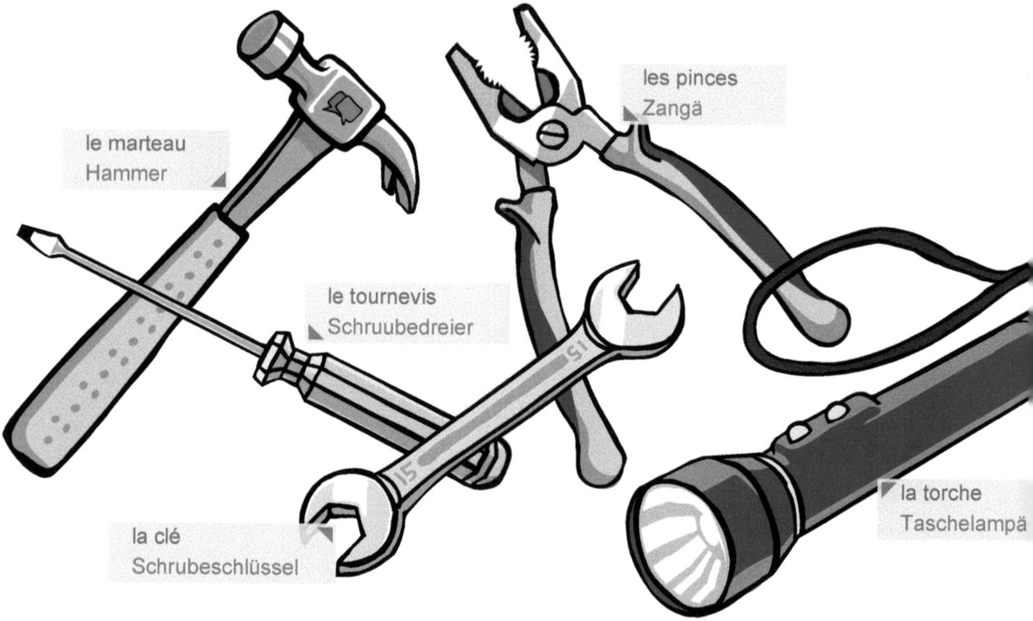

le marteau
Hammer
les pinces
Zangä
le tournevis
Schruubedreier
la clé
Schrubeschlüssel
la torche
Taschelampä

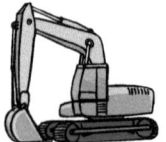

la pelleteuse

Bagger

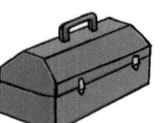

la boîte à outils

Werkzüügchaschte

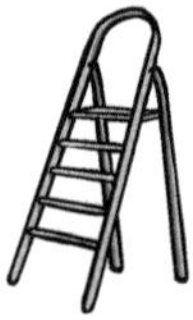

l'échelle

Leitere

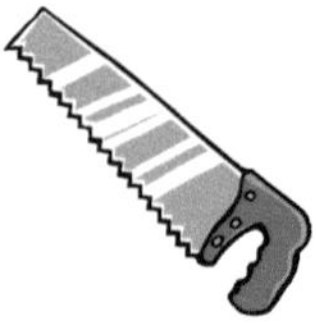

la scie

Sagi

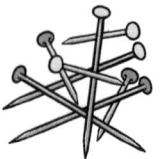

les clous

Negel

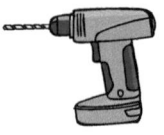

la perceuse

Bohrer

réparer
....
flicke

la pelle
....
Schufle

Mince !
....
Mischt!

la pelle
....
Ascheschufle

le pot de peinture
....
Farbchübel

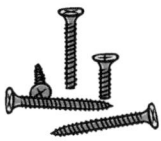

les vis
....
Schruube

les instruments de musique
Musiginstrumänt

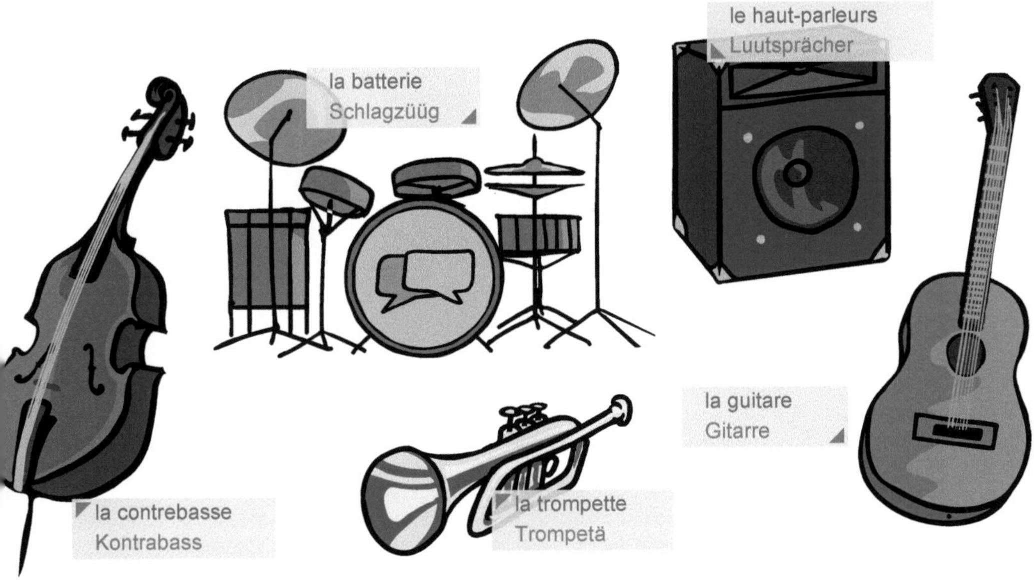

la batterie
Schlagzüüg

le haut-parleurs
Luutsprächer

la guitare
Gitarre

la contrebasse
Kontrabass

la trompette
Trompetä

le piano

Klavier

le violon

Violine

la basse

Bass

les timbales

Pauke

le tambour

Trummle

le piano électrique

Keyboard

le saxophone

Saxophon

la flûte

Flöte

le microphone

Mikrofon

les instruments de musique - Musiginstrumänt

le zoo
Zolli

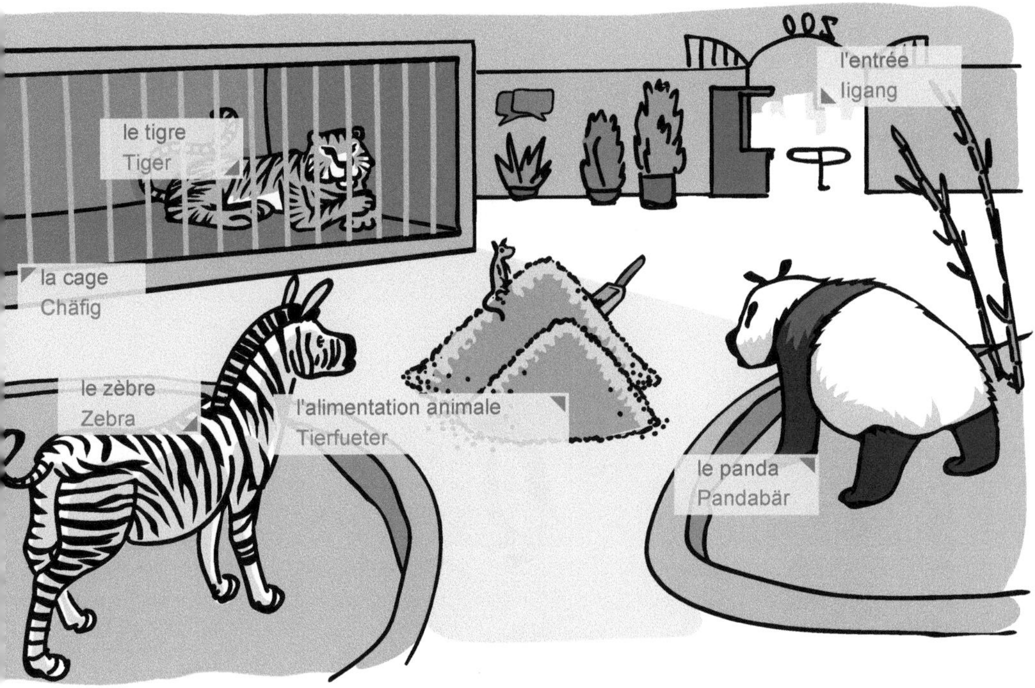
l'entrée
Iigang
le tigre
Tiger
la cage
Chäfig
le zèbre
Zebra
l'alimentation animale
Tierfueter
le panda
Pandabär

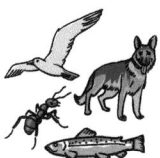

les animaux

Tier

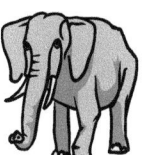

l'éléphant

Elefant

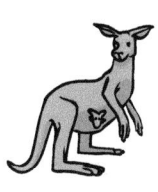

le kangourou

Känguru

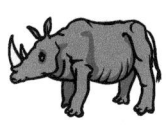

le rhinocéros

Nashorn

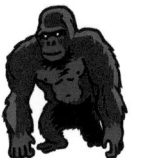

le gorille

Gorilla

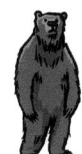

l'ours

Bär

le chameau
Kamel

l'autruche
Struss

le lion
Leu

le singe
Aff

le flamand rose
Flamingo

le perroquet
Papagei

l'ours polaire
Iisbär

le pingouin
Pinguin

le requin
Hai

le paon
Pfau

le serpent
Schlangä

le crocodile
Krokodil

le gardien de zoo
Zoowärter

le phoque
Robbä

le jaguar
Jaguar

le poney

Pony

le léopard

Leopard

l'hippopotame

Nilpfärd

la girafe

Giraff

l'aigle

Adler

le sanglier

Wildschwein

le poisson

Fisch

la tortue

Schildkrot

le morse

Walross

le renard

Fuchs

la gazelle

Gazelle

l'american Football
American Football

le cyclisme
Velofahre

le tennis
Tennis

le basket-ball
Basketball

la natation
Schwümmä

la boxe
Boxä

le hockey sur glace
Iishockey

le football
Fuessball

le badminton
Badminton

l'athlétisme
Liechtathletik

le handball
Handball

le ski
Skifahre

le polo
Polo

sauter
springä

rire
lachä

embrasser
umarme

marcher
gah

chanter
singe

prier
bätte

faire la bise
küssä

rêver
troime

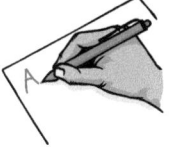

écrire
schribe

dessiner
zeichne

montrer
zeige

pousser
schiebe

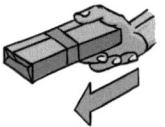

donner
gäh

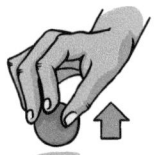

prendre
näh

avoir

händ

faire

mache

être

sy

être debout

stah

courir

laufe

trier

zieh

jeter

rüerä

tomber

fallä

être couché

ligge

attendre

warte

porter

träge

être assis

sitze

s'habiller

ahzieh

dormir

schlafe

se réveiller

ufwache

les activités - Aktivitäte

regarder
ahluege

pleurer
brüele

caresser
striichle

peigner
bürste

parler
redä

comprendre
verschtah

demander
froog

écouter
lose

boire
trinke

manger
ässe

ranger
ufruume

aimer
liebe

cuire
chochä

conduire
fahre

voler
flüge

les activités - Aktivitäte

faire de la voile
segle

calculer
rächne

lire
läse

apprendre
leerä

travailler
schaffe

se marier
hürate

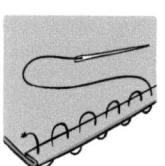

coudre
näije

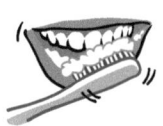

brosser les dents
Zäh putze

tuer
töte

fumer
schlootä

envoyer
sände

la grand-mère
Grossmuetter

le grand-père
Grossvater

le père
Vatter

la mère
Muetter

le bébé
Baby

la fille
Tochter

le fils
Sohn

l'hôte

Gast

la tante

Tante

l'oncle

Unkel

le frère

Brüeder

la sœur

Schwöschter

le corps
Körpär

le front
Stirn
l'œil
Aug
l'épaule
Schultere
le doigt
Fingär
le visage
Gsicht
le menton
Chüni
la main
Hand
la jambe
Bei
la poitrine
Bruscht
le bras
Arm

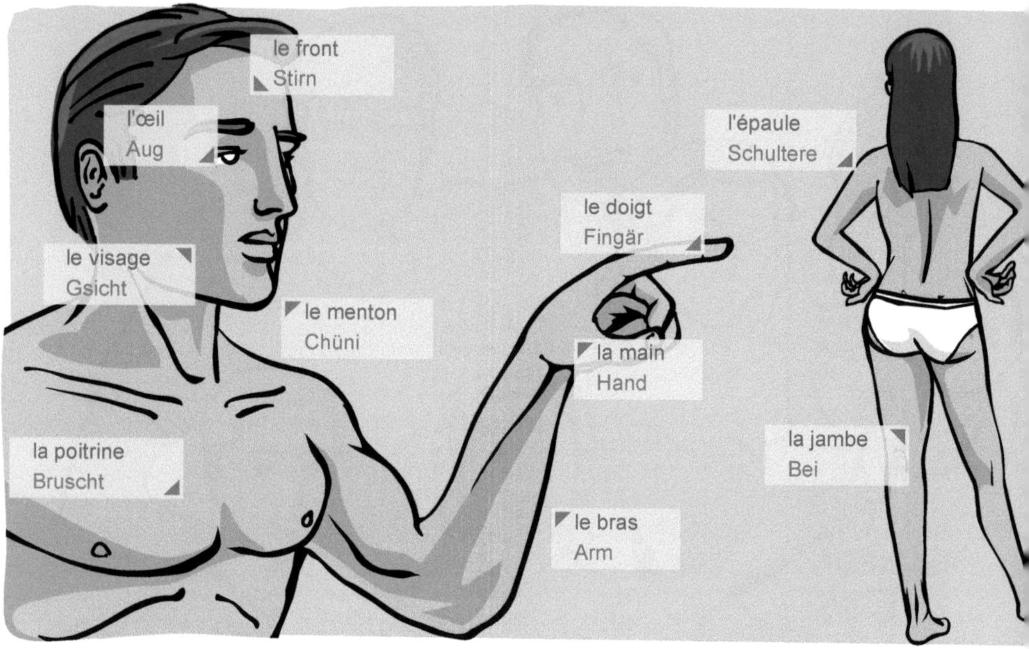

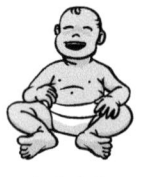

le bébé
Baby

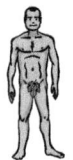

l'homme
Mah

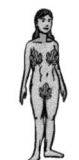

la femme
Frau

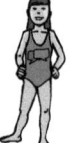

la fille
Meitli

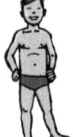

le garçon
Bueb

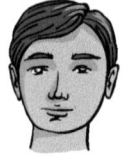

la tête
Chopf

le dos

Ruggä

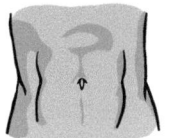

le ventre

Buuch

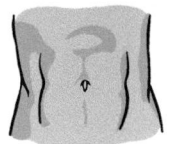

le nombril

Buchnabel

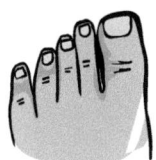

l'orteil

Zäche

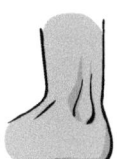

le talon

Fersä

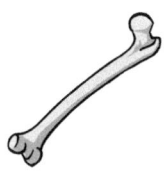

l'os

Knoche

la hanche

Hüfte

le genou

Chnü

le coude

Ellbogä

le nez

Nase

les fesses

Füdli

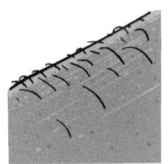

la peau

Hut

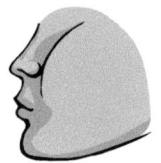

la joue

Bagge

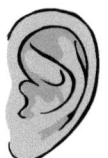

l'oreille

Ohr

la lèvre

Lippe

la bouche
Muul

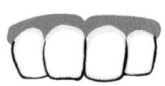

la dent
Zah

la langue
Zungä

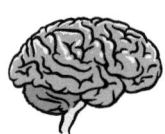

le cerveau
Hirni

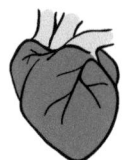

le cœur
Härz

le muscle
Muskel

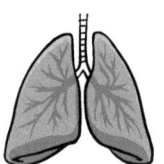

les poumons
Lungä

le foie
Läberä

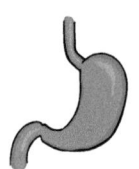

l'estomac
Magen

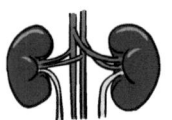

les reins
Nierä

le rapport sexuel
Gschlächtsvrkehr

le préservatif
Kondom

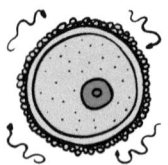

l'ovule
Eizälle

le sperme
Soome

la grossesse
Schwangerschaft

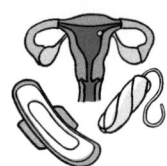

la menstruation

Menstruation

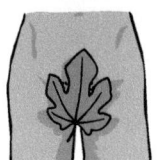

le vagin

Vagina

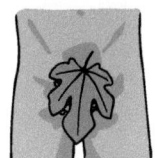

le pénis

Penis

le sourcil

Augebrauä

les cheveux

Haar

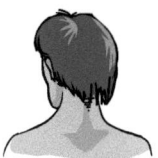

le cou

Hals

l'hôpital
Spital

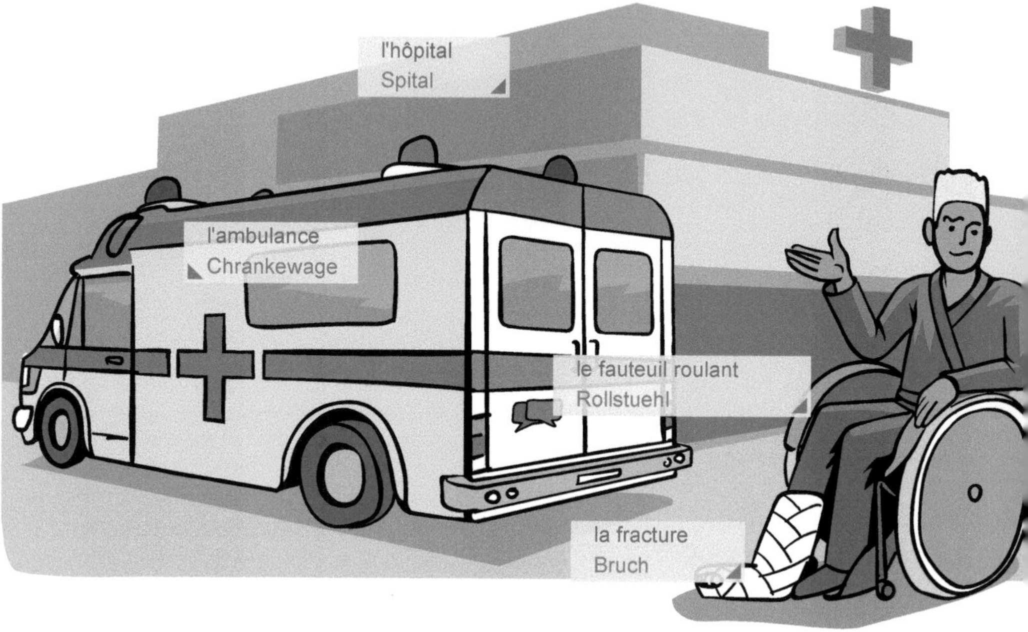

l'hôpital
Spital
l'ambulance
Chrankewage
le fauteuil roulant
Rollstuehl
la fracture
Bruch

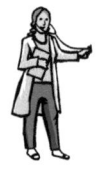

le médecin

Arzt

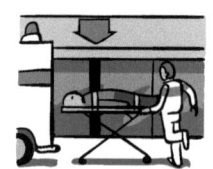

le service des urgences

Notufnahm

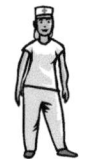

l'infirmière

Chrankeschwöschter

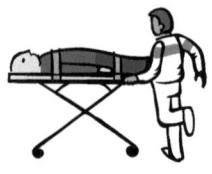

l'urgence

Notfall

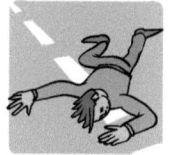

inconscient

ohnmächtig

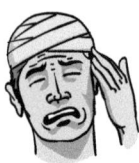

la douleur

Schmärz

la blessure

Verletzig

l'hémorragie

Bluätig

la crise cardiaque

Härzinfarkt

l'attaque cérébrale

Schlagahfall

l'allergie

Allergie

la toux

Hueschtä

la fièvre

Fieber

la grippe

Grippe

la diarrhée

Durchfall

le mal de tête

Kopfschmärze

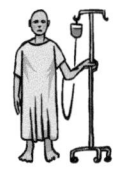

le cancer

Kräbs

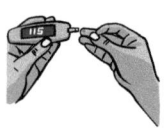

le diabète

Diabetes

le chirurgien

Chirurg

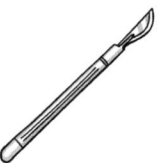

le scalpel

Skalpell

l'opération

Operation

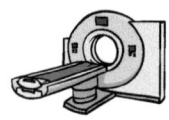

le CT

CT

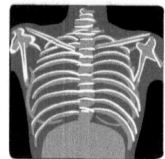

la radiographie

Röntgä

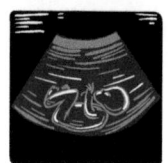

l'échographie

Ultraschall

le masque

Gsichtsmaske

la maladie

Krankhet

la salle d'attente

Wartezimmer

la béquille

Krückä

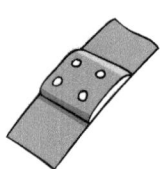

le pansement

Pflaster

le pansement

Vrband

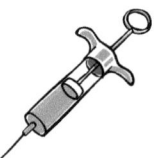

l'injection

Injektion

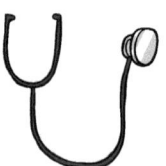

le stéthoscope

Stethoskop

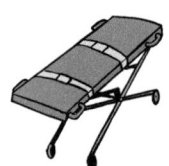

le brancard

Trage

le thermomètre

Thermometer

l'accouchement

Geburt

la surcharge pondérale

Übergwicht

l'appareil auditif

Hörgrät

le désinfectant

Desinfektionsmittel

l'infection

Infektion

le virus

Virus

le VIH / le sida

HIV / AIDS

le médicament

Medizin

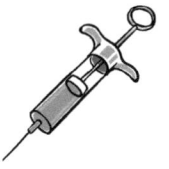

la vaccination

Impfig

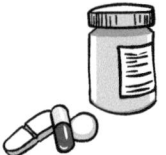

les comprimés

Tablette

la pilule

Pille

l'appel d'urgence

Notruef

le tensiomètre

Bluetdruck-Mässgrät

malade / sain

chrank / gsund

l'alarme

Alarm

l'assaut

Überfall

l'attaque

Ahgriff

le danger

Gfohr

la sortie de secours

Notuusgang

Au secours !

Hiufe!

Au feu!

Füür!

l'extincteur

Füürlöscher

l'accident

Unfall

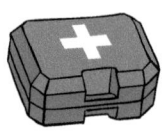

la trousse de premier secours

Ersti-Hilf-Koffer

SOS

SOS

la police

Polizei

l'Europe

Europa

l'Amérique du Nord

Nordamerika

l'Amérique du Sud

Südamerika

l'Afrique

Afrika

l'Asie

Asie

l'Australie

Auschtralie

l'Océan atlantique

Atlantik

l'Océan pacifique

Pazifik

l'Océan indien

Indische Ozean

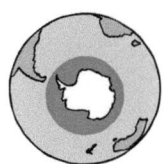

l'Océan antarctique

Antarktische Ozean

l'Océan arctique

Arktische Ozean

le Pôle nord

Nordpol

le Pôle sud

Südpol

l'Antarctique

Antarktis

la terre

Ärde

le pays

Land

la mer

Meer

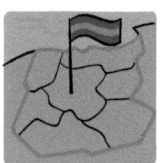

l'île

Inslä

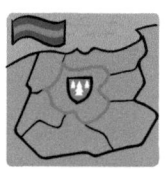

la nation

Nation

l'état

Staat

le cadran

Ziffereblatt

l'aiguille des heures

Stundezeiger

l'aiguille des minutes

Minutezeiger

aiguille des secondes

Sekundezeiger

Quelle heure est-il ?

Wie spaht isch es?

le jour

Tag

le temps

Zit

maintenant

jetzt

la montre digitale

Digitaluhr

la minute

Minute

l'heure

Stunde

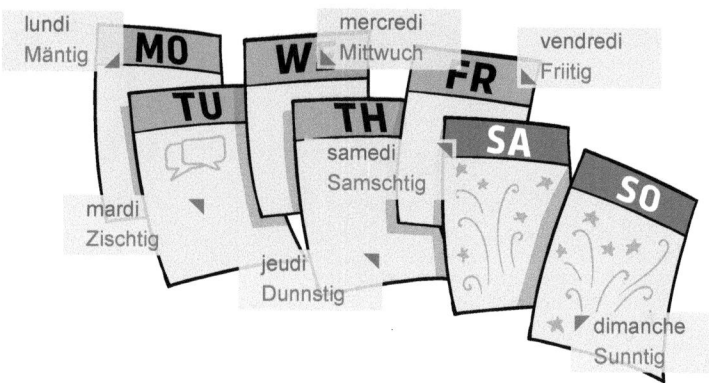

lundi
Mäntig

mercredi
Mittwuch

vendredi
Friitig

mardi
Zischtig

samedi
Samschtig

jeudi
Dunnstig

dimanche
Sunntig

hier
geschter

aujourd'hui
hüt

demain
morn

le matin
Morgä

le midi
Mittag

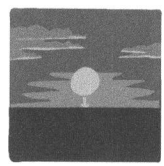

le soir
Aabig

les jours ouvrables
Wärktag

le week-end
Wuchenänd

l'année

Johr

la pluie
Räge
l'arc-en-ciel
Rägeboge
le vent
Wind
la neige
Schnee
le printemps
Früelig
l'été
Summer
l'automne
Herbscht
l'hiver
Winter

4.APRIL 11°
5.APRIL 4°
6.APRIL 13°
7.APRIL 8°
8.APRIL 10°

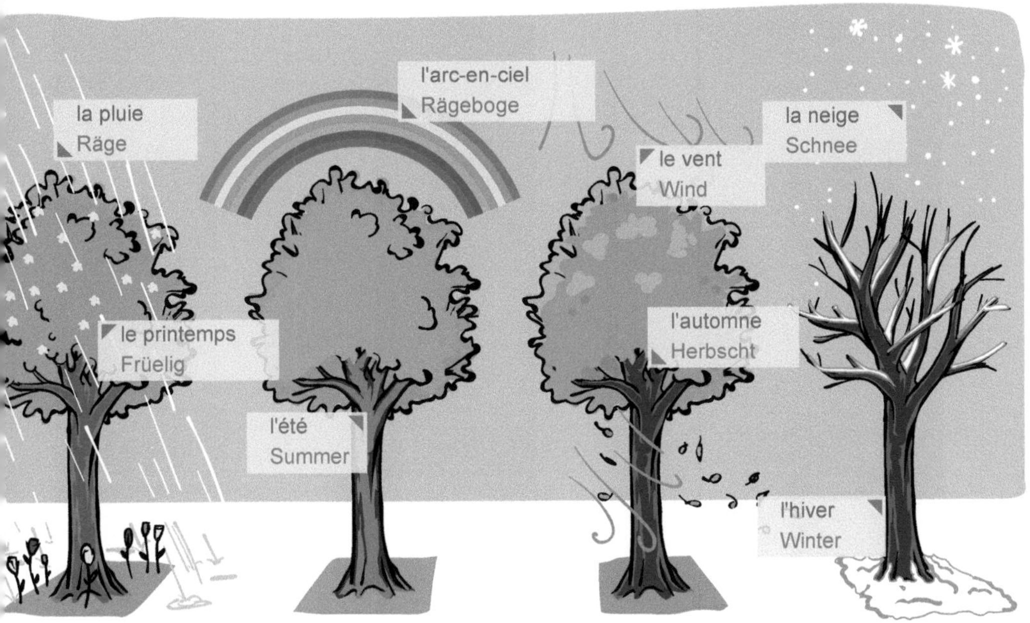

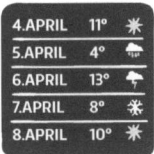

la météo

Wättervorhärsag

F
C
120
90
60
30
0
-30
40
30
20
10
0
-10
-20

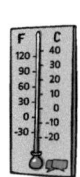

le thermomètre

Thermometer

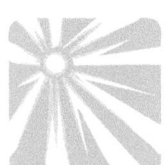

la lumière du soleil

Sunneschiin

le nuage

Wolkä

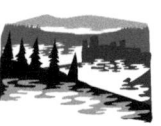

le brouillard

Näbel

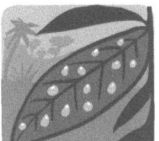

l'humidité

Fiechtigkeit

la foudre

Blitz

la tonnerre

Dunner

la tempête

Sturm

la grêle

Hagel

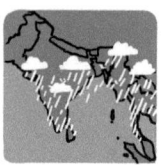

la mousson

Monsun

l'inondation

Fluet

la glace

Iis

janvier

Januar

février

Februar

mars

März

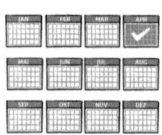

avril

April

mai

Mai

juin

Juni

juillet

Juli

août

Auguscht

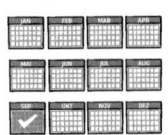

septembre

Septämber

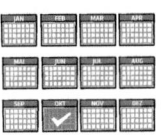

octobre

Oktober

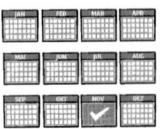

novembre

Novämber

décembre

Dezämber

les formes
Forme

le cercle

Kreis

le carré

Quadrat

le rectangle

Rächteck

le triangle

Dreieck

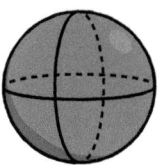

la sphère

Chugele

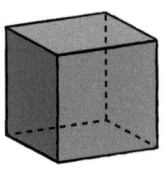

le cube

Würfel

les couleurs

Farbä

blanc

wiss

jaune

gäl

orange

orange

rose

pink

rouge

rot

violet

liila

bleu

blau

vert

grüen

marron

bruun

gris

grau

noir

schwarz

beaucoup / peu

viel / wenig

fâché / calme

hässig / ruhig

joli / laid

hübsch / hässlich

le début / la fin

Ahfang / Ändi

grand / petit

gross / chli

clair / obscure

hell / dunkel

frère / soeur

Brüeder / Schwöschter

propre / sale

suuber / dräckig

complet / incomplet

vollständig / unvollständig

le jour / la nuit

Tag / Nacht

mort / vivant

tot / läbig

large / étroit

breit / schmal

comestible / incomestible

ässbar / nid ässbar

méchant / gentil

bös / fründlich

excité / ennuyé

uffreggt / glangwilt

gros / mince

dick / dünn

le premier / le dernier

zerscht / zletscht

l'ami / l'ennemi

Fründ / Find

plein / vide

voll / läär

dur / souple

hart / weich

lourd / léger

schwer / liecht

faim / soif

Hunger / Durscht

malade / sain

chrank / gsund

illégal / légal

illegal / legal

intelligent / stupide

intelligänt / gatz

gauche / droite

links / rächts

proche / loin

nöch / wiit weg

nouveau / usé
neu / bruucht

rien / quelque chose
nüt / öpis

vieux / jeune
alt / jung

marche / arrêt
ah / uss

ouvert / fermé
offe / zue

faible / fort
lislig / luut

riche / pauvre
riich / arm

correct / incorrect
richtig / falsch

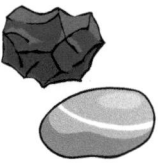

rugueux / lisse
rau / glatt

triste / heureux
truurig / glücklich

court / long
churz / lang

lent / rapide
langsam / schnäll

mouillé / sec
nass / trochä

chaud / froid
warm / chalt

la guerre / la paix
Chrieg / Friede

0

zéro

Null

1

un / une

eis

2

deux

zwei

3

trois

drü

4

quatre

vier

5

cinq

foif

6

six

sächs

7

sept

sibe

8

huit

acht

9

neuf

nün

10

dix

zäh

11

onze

elf

12
douze

zwölf

13
treize

drizäh

14
quatorze

vierzäh

15
quinze

füfzäh

16
seize

sächzäh

17
dix-sept

siebzäh

18
dix-huit

achtzäh

19
dix-neuf

nünzäh

20
vingt

zwänzg

100
cent

Hundert

1.000
mille

Tuusig

1.000.000
le million

Million

l'anglais

Änglisch

l'anglais américain

Amerikanischs Änglisch

le chinois mandarin

Chinesisch Mandarin

le hindi

Hindi

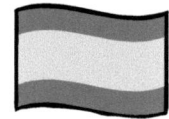

l'espagnol

Spanisch

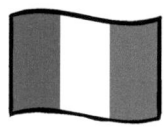

le français

Französisch

l'arabe

Arabisch

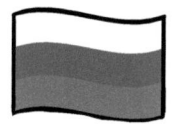

le russe

Russisch

le portugais

Portugiesisch

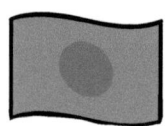

le bengali

Bengalisch

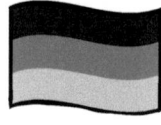

l'allemand

Dütsch

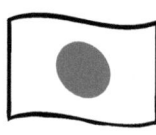

le japonais

Japanisch

je
....
ich

tu
....
du

il / elle / ce, c', cela
....
är / sie / es

nous
....
mir

vous
....
ihr

ils / elles
....
sie

Qui ?
....
wär?

Quoi ?
....
was?

Comment ?
....
wie?

Où ?
....
wo?

Quand ?
....
wänn?

le nom
....
Name

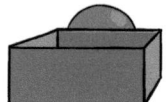

derrière

hinder

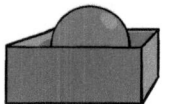

dans

in

devant

vor

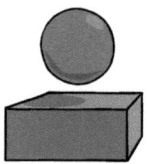

au-dessus

über

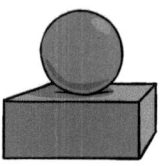

sur

uf

en-dessous

under

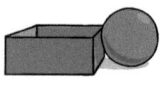

à côté de

näbe

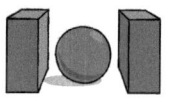

entre

zwüsche

le lieu

Ort